LA BONNE AVENTURE...

un jeu d'enfant!

Texte de Louise Dickson
Illustrations de Pat Cupples
Texte français de Dominique Chauveau

Les éditions Scholastic

À mon amoureux et à mes adorables filles,
avec amour.
— LD

Remerciements

La bonne aventure... un jeu d'enfant! a été conçu d'après une idée de Valerie Wyatt,
mon éditrice et ma nouvelle amie, et j'aimerais la remercier d'avoir cru en moi.
J'aimerais aussi remercier Jane Tallim qui m'a initiée, à sa façon, à l'interprétation du tarot.
Ce fut merveilleux. Jane recherchait une garniture en argent dans chacune
des cartes qu'elle retournait. Elle m'a appris que la bonne aventure
pouvait être un jeu sain, amusant, frivole.

Je tiens à remercier mes adorables filles, Sarah et Tess Hunter qui se sont laissées prendre
au jeu et se sont amusées à trouver leurs nombres porte-bonheur, à écrire des messages
invisibles et à jeter des pièces de monnaie dans des bols remplis d'eau savonneuse.

Finalement, j'aimerais remercier mon époux, Iain Hunter, pour m'avoir écoutée et bien ri.

Édition publiée par Les éditions Scholastic,
175 Hillmount Road, Markham (Ontario) L6C 1Z7,
avec la permission de Kids Can Press Ltd.

Conception graphique de Marie Bartholomew
Photo de la couverture de Ray Boudreau

4 3 2 1   Imprimé à Hong-Kong   01 02 03 04

Données de catalogage avant publication (Canada)

Dickson, Louise, 1949-
  La bonne aventure... un jeu d'enfant

Traduction de The Kids guide to fortune telling.
ISBN 0-439-98645-1

1. Prédictions (Occultisme) – Ouvrages pour la jeunesse.
I. Cupples, Patricia. II. Chauveau, Dominique. III. Titre.

BF1861.D5214 2001   j133.3   C00-932781-9

Voyage dans le futur

Lorsque tu fais un vœu en regardant une étoile ou avant de souffler les bougies de ton gâteau d'anniversaire, tu répètes ce que les gens ont fait pendant des milliers d'années – tu espères que quelque chose d'agréable se produira bientôt.

Chacun est curieux de savoir ce que lui réserve l'avenir. Nous voulons connaître ce qui nous arrivera la semaine prochaine, le mois prochain, l'année prochaine.

Qu'est-ce que l'avenir te réserve? Rêves-tu de découvrir des pays lointains, d'escalader des montagnes ou encore d'explorer de nouvelles galaxies? Feras-tu des pirouettes sur scène, ou un saut périlleux en espérant gagner une médaille d'or olympique? Tes rêves se réaliseront-ils?

La bonne aventure... un jeu d'enfant! t'expliquera d'anciennes et de nouvelles façons de prédire l'avenir, de dire la bonne aventure et de surprendre tes amis. Une paire de dés, une potion magique ou de l'encre invisible peuvent détenir la clé de ce que sera l'avenir, dans un endroit où les rêves deviennent réalité.

Bien entendu, personne ne peut vraiment te dire quelle direction prendra ta vie. Mais si tu veux faire un peu de magie en t'amusant énormément, lis ce qui suit. Nous te prédisons des heures de plaisir.

Es-tu né sous une bonne étoile?

Tu es né avec un nombre porte-bonheur... mais lequel? Tu n'as pas besoin d'une boule de cristal pour le découvrir, un crayon et du papier suffisent.

1. Écris le mois, le jour et l'année de ta naissance, en chiffres seulement. (Vérifie avec « Les mois de l'année » pour connaître le nombre correspondant au mois où tu es né.)

2. Additionne tous les nombres. Par exemple, si tu es né le 10 novembre 1988, tu peux calculer ton nombre porte-bonheur ainsi :

$$1+1+1+0+1+9+8+8=29$$

mois   jour   année

3.Tu obtiendras un nombre à deux chiffres (29). Additionne ces deux chiffres. Recommence jusqu'à ce que tu obtiennes un nombre de 1 à 9.

$$2 + 9 = 11$$
$$1 + 1 = 2$$

Ton nombre porte-bonheur serait :

4.Vérifie avec « Que renferme un nombre? » pour voir ce que ton nombre porte-bonheur révélera à ton sujet.

Les mois de l'année

Janvier	1
Février	2
Mars	3
Avril	4
Mai	5
Juin	6
Juillet	7
Août	8
Septembre	9
Octobre	10
Novembre	11
Décembre	12

Que renferme un nombre?

Certaines personnes affirment que l'on peut dire bien des choses sur les gens, d'après leur nombre porte-bonheur. Que te révèle ton nombre porte-bonheur?

Nombre porte-bonheur 1

Les gens recherchent ta compagnie à cause de tes grandes idées. Mais n'insiste pas toujours pour agir à ta façon.

Nombre porte-bonheur 2

Tu es juste et utile. Assure-toi de te défendre aussi.

Nombre porte-bonheur 3

La vie est comme les montagnes russes et tu aimes ça. N'oublie pas d'avoir parfois un peu de bon sens.

Nombre porte-bonheur 4

Tu as un talent d'organisateur. N'oublie pas parfois de te laisser aller et de t'amuser.

Nombre porte-bonheur 5

Tu aimes explorer le monde qui te fascine. Mais ne te laisse pas distraire – tiens parole.

Nombre porte-bonheur 6

Tu es loyal, mais parfois trop modeste. Aie confiance en toi et prends quelques risques.

Nombre porte-bonheur 7

Tu es intelligent et réfléchi. N'oublie pas que, dans la vie, il y a autre chose à faire que de penser. Prends le temps de t'amuser.

Nombre porte-bonheur 8

Tu es fiable et persistant, et tu planifies de gagner beaucoup d'argent. N'oublie pas de t'amuser aussi.

Nombre porte-bonheur 9

Tu es charmant et drôle. Tu as beaucoup d'amis. Mais tout n'est pas facile dans la vie. L'effort est toujours récompensé.

Que révèlent les noms?

Ton nom peut-il révéler des aspects de ta personnalité? Voici comment le découvrir.

1. Écris ton prénom et ton nom.

2. En te basant sur le tableau « Les nombres des lettres », écris sous chaque lettre de ton nom le nombre qui lui correspond.

Les nombres des lettres								
A	B	C	D	E	F	G	H	I
1	2	2	4	5	8	3	8	1
J	K	L	M	N	O	P	Q	R
1	2	3	4	5	7	8	1	2
S	T	U	V	W	X	Y	Z	
3	4	6	6	6	6	1	7	

3. Additionne les nombres. Par exemple, si tu te nommes SARAH CORBIN, tu calcules le nombre magique de ton nom ainsi :

S A R A H
3 + 1 + 2 + 1 + 8

C O R B I N
2 + 7 + 2 + 2 + 1 + 5

= 3 4

4. Tu obtiendras un nombre à deux chiffres (34). Additionne ces deux chiffres. Recommence jusqu'à ce que tu obtiennes un nombre de 1 à 9.

3 + 4 = 7

Le nombre magique de Sarah est

5. Vérifie avec « Le jeu des noms » pour voir ce que le nombre qui correspond à ton nom te réserve.

Le jeu des noms
Juste pour rire, regarde ce que ton nom révèle.

Nombre magique 1

Tu as mauvais goût pour les maillots de bain.

Nombre magique 2

Tu aimes le brocoli.

Nombre magique 3

Tu as de la difficulté à te lever le matin.

Nombre magique 4

Tu aimes la danse disco.

Nombre magique 5

Tu es souvent de mauvaise humeur.

Nombre magique 6

Tu regardes trop la télévision.

Nombre magique 7

Tu rends tes parents complètement fous.

Nombre magique 8

Tu préfères les animaux aux gens.

Nombre magique 9

Tu possèdes des talents cachés.

Jeu de fortune

Seras-tu pauvre ou riche? Fais tourner des pièces de monnaie et découvre la chance que tu as.

1. Lance dix pièces de monnaie dans les airs. Compte un pour chaque pièce qui tombe côté pile. Ne compte rien pour le côté face.

2. Additionne les un et vérifie avec « Compte ta chance » pour voir si tu seras chanceux en matière d'argent.

Compte ta chance

Si tu obtiens	Voici ce que tu devrais faire
0	Ne t'en fais pas. Recommence.
1	Ne néglige pas la petite monnaie. (Tu en auras besoin.)
2	Livre des journaux.
3	Demande davantage d'argent de poche.
4	Épargne tes sous. Ne vide pas ta tirelire tout de suite.
5	Va t'acheter des bonbons.
6	Ouvre ton propre compte en banque.
7	Encaisse un chèque reçu d'un parent généreux.
8	Compte soigneusement ta monnaie.
9	Donne généreusement.
10	Prépare-toi à être riche!

Comment se passera la journée?

On ne peut jamais prévoir ce qui se passera pendant une journée n'est-ce pas? Découvre-le en calculant ton nombre-jour.

1. Écris en chiffres le jour, le mois et l'année. (Vérifie avec « Les mois de l'année » à la page 7.)

2. Additionne tous les nombres obtenus. Par exemple, pour trouver le nombre-jour du 12 septembre 1998, additionne :

$1 + 2 + 9 + 1 + 9 + 9 + 8 = 39$

3. Tu obtiendras un nombre à deux chiffres (39). Additionne ces deux chiffres. Recommence jusqu'à ce que tu obtiennes un nombre de 1 à 9.

$3 + 9 = 12$

$1 + 2 = 3$

Le nombre-jour pour le 12 septembre 1998 est 3.

4. Pour savoir ce que ça te réserve, vérifie avec « Tes prévisions pour la journée ».

Tes prévisions pour la journée

Nombre-jour 1
Affirme-toi. Fais quelque chose de différent. Téléphone à un nouvel ami. Lis un nouveau livre.

Nombre-jour 2
Travaille fort. Fais tes devoirs ou donne un coup de main à la maison. Aujourd'hui, fais ton travail avant de jouer.

Nombre-jour 3
Repose-toi et détends-toi. Donne congé à tes muscles et à ton cerveau.

Nombre-jour 4
Organise-toi. Trie ton tiroir de chaussettes. Trouve tes devoirs... et fais-les!

Nombre-jour 5
Sors et apprécie la nature. Prépare-toi un lunch. Une longue promenade est tout ce qu'il te faut.

Nombre-jour 6
Planifie une sortie en famille – une balade en vélo ou un pique-nique.

Nombre-jour 7
Amuse-toi et ris beaucoup. Invite un ami chez toi. Planifie une soirée!

Nombre-jour 8
Apprends une nouvelle habileté. Choisis une planche à roulettes, une raquette de tennis ou un ballon de basket. Exerce-toi à la perfection.

Nombre-jour 9
Sois créatif. Couds. Fabrique des bijoux. Construis une maison dans un arbre. Peins.

Rêver au temps

As-tu déjà fait un rêve qui concernait le temps?
Certaines personnes croient que les rêves sur le temps peuvent révéler
ce que sera ta journée.

Si tu rêves à **Ça signifie**

un arc-en-ciel Tu seras heureux, joyeux et tu auras de la chance.

de la pluie Ta chance va tourner. Un présage de sécheresse plane sur toi.

une tempête Oh, oh! tu risques de te bagarrer avec un ami.

des nuages orageux Des problèmes à l'horizon.

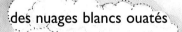des nuages blancs ouatés Tu ferais mieux de garder les pieds sur terre. Tu as la tête dans les nuages.

un éclair Tu seras inspiré. Une nouvelle idée surgira soudain.

du brouillard Tu es confus. Ne prends aucune décision sérieuse.

Un coup de dé

Ton avenir peut-il être prédit par un lancer de dés?

Secoue trois dés et lance-les sur la table. Additionne les points affichés sur la face des dés et vérifie avec « Une fortune en nombre » pour découvrir ce que l'avenir te réserve.

Des points de plaisir

Si les points sur la face d'un dé te permettent de découvrir l'avenir, qu'en sera-t-il avec un jeu de dominos?

1. Étale un jeu complet de dominos sur une table, les points contre la table.

2. Mêle bien les dominos, puis choisis-en un.

3. Additionne les points sur les deux moitiés du domino que tu as choisi et vérifie avec « Une fortune en nombre » pour connaître ce que l'avenir te réserve.

Une fortune en nombre

1   Tu suivras un nouveau chemin excitant.

2   L'attente est enfin terminée. Ta patience sera récompensée.

3   Fais de la place pour une nouvelle personne dans ta vie.

4   Fais tes bagages, un voyage s'annonce.

5   Une surprise t'attend. J'espère que tu l'aimeras.

6   Fais attention. Des problèmes peuvent t'attendre au tournant.

7   Malchanceux aujourd'hui, chanceux demain. Ta chance tournera bientôt.

8   Un geste gentil te vaudra une récompense.

9   Ne monopolise pas le téléphone. Quelqu'un tente de t'appeler.

10   Est-ce un chèque? Des nouvelles d'un ami? Surveille le courrier!

11   Il ne faut pas vendre la peau de l'ours avant de l'avoir tué.

12   Une personne que tu aimes éprouve des sentiments particuliers à ton égard.

13   Ne marche pas sur les pieds de quelqu'un. Tu pourrais finir par te bagarrer avec un ami.

14   Cesse tes recherches... un trésor que tu as perdu sera retrouvé.

15   Tu l'échapperas belle... à te faire dresser les cheveux sur la tête.

16   De bons moments sont à venir.

17   Si ça te semble bien, fais-le. Apprends à te fier à ton intuition.

18   Ton souhait sera exaucé.

Le carré de la bonne aventure

Animaux domestiques? Travail? Pays? Veux-tu connaître quelle sera ta vie future?

1. Dessine un grand carré sur une feuille de papier.

2. Écris quatre questions, une le long de chaque côté du carré.

3. Sous chaque question, écris quatre réponses possibles. Elles peuvent être sérieuses ou farfelues.

4. Choisis un nombre de 1 à 10. Ou prends ton nombre porte-bonheur. Disons que ton nombre porte-bonheur est 5.

5. Place ton crayon sur une réponse de ton choix et commence à compter. Par exemple, si tu commences à compter à furet, c'est le numéro 1. La tarentule est le numéro 2. Continue ainsi jusqu'à ce que tu tombes sur Miami, qui correspond au numéro 5. Rature Miami.

6. Va à la prochaine réponse et recommence à compter. Dans cet exemple, tu commenceras à compter jusqu'à 5 à partir du pôle Nord. Continue ainsi à compter et à raturer des réponses jusqu'à ce qu'il reste une seule réponse pour chaque question.

7. Maintenant, regroupe toutes les réponses : tu seras un acteur qui vivra à Tombouctou avec un enfant et une tarentule.

Tombouctou

Lune

Joueur de soccer

Pôle Nord

Archéologue

Où vais-je habiter?

Quel métier vais-je exercer?

Plongeur sous-marin

Miami

Acteur

Iguane

Cheval

Quel animal domestique vais-je avoir?

Combien d'enfants vais-je avoir?

1

2

Tarentule

4

8

Furet

La roue de la bonne aventure

Découvre une nouvelle façon de dire la bonne aventure
en fabriquant ta roue de la bonne aventure.

Il te faut

un stylo ou un crayon
une boîte de céréales vide
des ciseaux
une attache parisienne
deux bols de
différentes tailles

1. Découpe la boîte de céréales et étale-la sur une table.

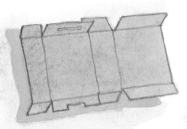

2. À l'aide des bols, trace un grand cercle et un petit cercle sur la boîte de céréales dépliée. Découpe les cercles obtenus.

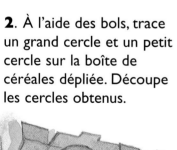

3. Sur le côté blanc du petit cercle, dessine une flèche qui pointe vers l'extérieur.

4. Autour du grand cercle, le long du bord, écris Heureux, Occupé, Amusant, Excitant, $$$, Enrichissant.

5. Pose le petit cercle au centre du grand cercle et fixe-le avec l'attache parisienne. Tu devrais pouvoir faire tourner facilement le cercle du dessus.

6. Demande : « À quoi ressemblera ma journée (ou ma semaine, ou mon anniversaire ou ma vie)? » et fais tourner le petit cercle. Le mot le plus près de la flèche te donnera la réponse.

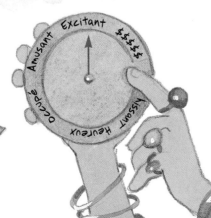

Un coin-coin

Fabrique ce coin-coin et surprends tes amis
avec ton habileté à prédire l'avenir.

Il te faut

un carré de papier
de 20 cm de côté

un crayon

une règle

des crayons de couleur

1. Pour trouver le centre
de ton carré de papier,
trace des lignes diagonales
pour relier les coins. Plie
les quatre coins de sorte
que les pointes se touchent
au centre.

2. Retourne ton carré de
papier. Plie les quatre coins
vers le centre. Lorsque tu
as terminé, tu obtiendras
huit triangles sur le côté du
carré qui est vers le haut. Si
tu le retournes, tu verras
quatre carrés.

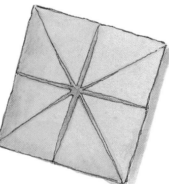

3. Plie le papier en deux,
de sorte que les triangles
soient à l'intérieur.
Maintenant, plie-le de
nouveau en deux. Marque
bien les
plis.

4. Déplie le papier de sorte
qu'il ressemble à la figure
de l'étape 2. Soulève le
triangle et écris au dos des
triangles huit prédictions
telles que *Bonne chance,
Malchance, Un désaccord,*
etc.

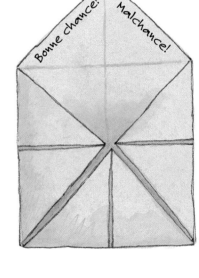

5. Écris les nombres de 1 à 8 sur le dessus des huit triangles.

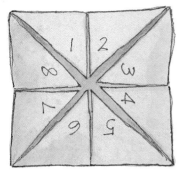

6. Retourne le papier. Sur chaque carré, dessine puis colorie un animal rampant : un scorpion, une araignée, une chenille, une limace, etc.

7. Glisse tes pouces et tes index sous les carrés. Appuie pour ramener les pointes ensemble tel qu'illustré.

8. Ouvre tes doigts. Tu devrais voir quatre triangles avec un chiffre sur chacun d'eux. Ouvre tes doigts de l'autre côté. Quatre triangles différents apparaissent.

9. Pour dire la bonne aventure, demande à une amie de choisir un animal rampant. Si elle choisit l'araignée par exemple, épelle à voix haute le mot A-R-A-I-G-N-É-E, tout en ouvrant tes doigts d'un côté puis de l'autre à tour de rôle.

10. Maintenant, demande à ton amie de choisir un nombre. Si elle choisit 5, ouvre ton coin-coin cinq fois. Demande à ton amie de choisir un autre nombre. Elle peut ouvrir ce triangle et lire ce que l'avenir lui réserve.

Ta bonne étoile

Oui! Non! Peut-être! Sûrement! Est-ce qu'une question te brûle la langue? Tu peux faire un vœu en regardant une étoile pour obtenir la réponse.

Il te faut

un crayon

du papier

des ciseaux

1. Découpe une étoile à cinq branches dans une feuille de papier.

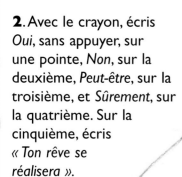

2. Avec le crayon, écris *Oui*, sans appuyer, sur une pointe, *Non*, sur la deuxième, *Peut-être*, sur la troisième, et *Sûrement*, sur la quatrième. Sur la cinquième, écris « *Ton rêve se réalisera* ».

3. Place ton étoile sous ton oreiller, les inscriptions du côté du matelas. Lorsque tu vas te coucher, pose la question dont tu veux savoir la réponse, puis, sans regarder, replie une des pointes de l'étoile. Fais cela quatre soirs de suite. Le cinquième soir, la pointe qui n'a pas été repliée te donnera la réponse.

Le secret des sept messages

Combine l'écriture invisible avec les prédictions
et surprends sept de tes camarades.

Il te faut

un citron, coupé en deux

un petit bol

un stylo-bille ou
un cure-dents

sept petites bandes
de papier

une boîte

une bougie

1. Presse le jus du citron dans un bol. Trempes-y un stylo ou un cure-dents. Utilise le cure-dents pour écrire une courte prédiction sur chacune des sept bandes de papier.

2. Laisse bien sécher les bandes de papier – environ 30 minutes. Dépose les bandes de papier dans la boîte et mélange-les bien.

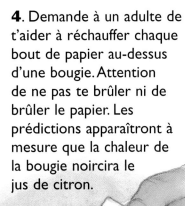

3. Demande à 7 camarades de piger chacun une bande de papier.

4. Demande à un adulte de t'aider à réchauffer chaque bout de papier au-dessus d'une bougie. Attention de ne pas te brûler ni de brûler le papier. Les prédictions apparaîtront à mesure que la chaleur de la bougie noircira le jus de citron.

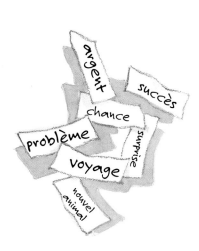

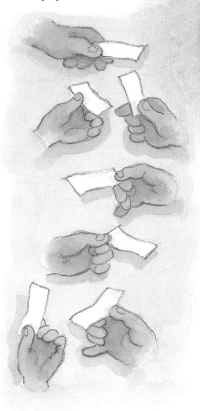

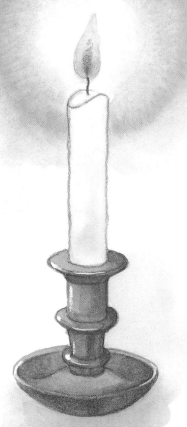

Pèle-moi une prédiction

Il y a bien longtemps, lorsque les gens avaient une question importante à poser, ils utilisaient la pelure d'une pomme pour trouver leur réponse. Tu peux essayer, toi aussi.

Pèle une pomme avec précaution afin d'obtenir une longue pelure. Pose ta question, puis jette la pelure par-dessus ton épaule.

Si elle retombe en ayant la forme d'un U ou d'un O, la réponse est *Non*. Toute autre forme signifie *Oui*.

Un tour de destin

Tiens la pomme d'une main et tords
la tige de l'autre main tout en
récitant les lettres de l'alphabet.
La lettre que tu dis quand la tige se
brise est l'initiale du nom de ton
prochain petit ami.

Les pépins du destin

Qu'est-ce qui t'attend? La chance? La malchance? L'incertitude? Pour le découvrir, coupe une pomme en deux et compte les pépins du cœur. Un nombre pair signifie que la chance t'attend. Un nombre impair, que tu risques d'avoir une déception. Si un pépin est coupé en deux, ton avenir sera incertain.

La prunelle de tes yeux

Installe-toi devant un miroir et appuie le pépin d'une pomme fraîche sur ton front afin qu'il colle. Récite les lettres de l'alphabet rapidement. La lettre que tu récites lorsque le pépin tombe est l'initiale du nom de ton futur petit ami.

Une situation collante

Lorsque tu n'arrives pas à te décider entre deux amis, deux fêtes ou deux sports, laisse une pomme prendre la décision à ta place. Prends les pépins de deux pommes et donne-leur le nom de tes choix. Installe-toi devant un miroir et colle les deux pépins sur ton front. N'oublie pas ce que chacun représente. Celui qui tiendra le plus longtemps te révélera ce que tu dois choisir.

Effeuille une marguerite

As-tu déjà effeuillé une marguerite, pétale par pétale,
en récitant « Il m'aime, un peu, beaucoup, à la folie, pas du tout,... »?
Ce que tu récites lorsque tu effeuilles le dernier pétale te donnera la réponse.
Les fleurs peuvent aussi être utilisées pour prédire d'autres choses.
Prends une fleur, effeuille quelques pétales et choisis une rime.

Une fête d'anniversaire

Elle m'appellera.
Elle ne
m'appellera pas.
Je serai invité.
Je ne serai pas invité.

**Mon prochain
examen scolaire**

Passera.
Passera pas.
Je serai le meilleur.

**Quel temps fera-t-il le
jour de mon
anniversaire?**

Pluie ou neige?
Le soleil brillera.

Un nouvel ami

Nous serons
copains,
Amis pour la vie
Nous nous bagarrerons
Amitié? Jamais!

Un souffle dans le vent

Un pissenlit peut te révéler si ton vœu se réalisera. Trouve un pissenlit monté
en graines. Ferme les yeux, fais un vœu et essaie de souffler
toutes les graines du pissenlit.

Si toutes les
graines s'envolent,
ton vœu se
réalisera.

S'il reste quelques
graines, souffle à
nouveau. Le nombre de
fois que tu souffleras
pour éliminer toutes les
graines correspond au
nombre de mois que tu
devras attendre pour que
ton vœu se réalise.

Si aucune graine
ne s'envole, tu
n'as pas de
chance. Souffle
plus fort la
prochaine fois.

Pose une question au
pissenlit dont la réponse
est *oui* ou *non*. Si les
graines s'envolent, la
réponse est *oui*. Si elles
tombent sur le sol, la
réponse est *non*.

Un pépiement de prédictions

As-tu déjà entendu dire qu'un tiens vaut mieux que deux tu l'auras?
Les anciens diseurs de bonne aventure n'étaient pas de cet avis.
Ils croyaient que deux corbeaux dans un buisson étaient un présage de chance.
Voici quelques oiseaux diseurs de bonne aventure.

Si tu vois	Ça signifie
un merle bleu	la joie
un corbeau	la tristesse
une colombe	la paix
un aigle	le pouvoir
une mouette	un voyage
un oiseau-mouche	amour, mariage, vie nouvelle
une alouette	bonne santé
un hibou	la sagesse
un merle	un foyer heureux
une cigogne	des enfants
un roitelet	la chance

Amour et mariage

L'amour peut-il se découvrir dans les lettres de ton nom? Quelques coups de crayon peuvent te le révéler. Ce jeu consiste à associer ton nom à celui d'une personne que tu aimes et à découvrir s'il y a une chance que tu l'épouses.

1. Écris ton prénom et ton nom.

2. Écris le prénom et le nom de la personne que tu aimes.

3. Rature les lettres qui sont les mêmes dans ton prénom et dans son nom.

4. Rature les lettres qui sont les mêmes dans ton nom et dans son prénom.

5. Tout en raturant les lettres qui restent dans ton nom, récite :
« Amour, Haine, Amitié, Mariage, Amour, Haine... »

Ce que tu récites lorsque tu ratures la dernière lettre doit te révéler ce que tu ressens face à l'autre personne.

6. Rature les lettres qui restent dans le nom de ton ami en récitant :

« Amour, Haine, Amitié, Mariage, Amour, Haine... »

Que ressent ton ami à ton égard?

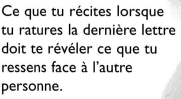

Combien d'enfants auras-tu?

Lancer des pierres dans l'eau et compter le nombre de fois qu'elles ricochent à la surface peut t'aider à connaître le nombre d'enfants que tu auras.

Lance une pierre à la surface de l'eau et compte le nombre de ricochets qu'elle fait. Tu auras un enfant à chaque ricochet.

Mange une pomme et compte le nombre de pépins qu'il y a dans le cœur. C'est le nombre d'enfants que tu auras.

Souffle les graines d'un pissenlit dans les airs et attrapes-en autant que tu le pourras. Le nombre de graines que tu attraperas te révélera le nombre d'enfants que tu auras.

Qui se mariera en premier?

La prochaine fois que tu iras dormir chez une amie, prends un fil et noue ton gros orteil au gros orteil de ton amie. Au matin, lorsque le fil est brisé, vérifie la longueur du fil qui reste à chaque orteil. Celle qui a le plus long bout de fil se mariera en premier.

Des mots sur une vague

Un message de bonne aventure qui flotte peut-il prédire l'avenir?
Essaie et tu verras.

Il te faut

du papier

des ciseaux

un stylo

un bol

1. Coupe trois petites bandes de papier.

2. Écris *oui* sur une des bandes, *non* sur une autre et rien sur la dernière.

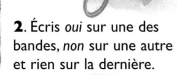

3. Mets les trois bandes dans un bol.

4. Tout en versant de l'eau sur les bandes de papier, pose une question dont la réponse est *oui* ou *non*. La première bande de papier qui remontera à la surface te donnera la réponse. Si la bande blanche remonte en premier, cela signifie qu'il n'y a pas de réponse à ta question pour l'instant.

Le secret des bulles de savon

Combien d'amis vais-je avoir? Combien de semaines vais-je rester au camp? Dans combien d'années vais-je avoir mon propre cheval? Voici une méthode de prédiction pour répondre aux questions « combien » et « dans combien de temps ».

1. Remplis un bol d'eau et ajoutes-y un jet de savon à vaisselle.

2. Pose ta question, puis jette un caillou ou une pièce de monnaie dans l'eau.

3. Compte les bulles qui se forment à la surface. Le nombre de bulles que tu compteras sera la réponse à ta question.

Le pain qui prédit

As-tu une question à poser dont la réponse est *oui* ou *non*? Pose ta question, puis lance un croûton de pain dans l'eau. Si le pain coule, la réponse est *oui*. Si le pain flotte ou s'il est rejeté sur la rive, la réponse est *non*.

Une potion magique pour prédire l'avenir

Tes amis déborderont d'enthousiasme lorsque tu mélangeras la potion pour prédire l'avenir. Les réponses à leurs questions bouillonneront devant leurs yeux.

Il te faut

125 ml d'eau

125 ml d'eau mélangée avec 15ml de bicarbonate de soude

125 ml d'eau mélangée avec 15ml de vinaigre

un bol

1. Demande à ton ami de penser à une question sur l'avenir, dont la réponse est *oui* ou *non*.

2. Demande-lui de choisir deux des trois liquides et de les verser dans le bol tout en posant sa question.

Si des bulles se forment, la réponse à la question est *oui*.

S'il n'y a aucune réaction, la réponse est *non*.

Les prédictions du corps

Ton corps peut-il te révéler ce qui se passera dans l'avenir?
Certaines personnes croient qu'un petit picotement, une toux ou un hoquet
sont les façons dont ton corps prédit les événements. Qu'en penses-tu?

Si ceci arrive   **Ça signifie**

Les oreilles te brûlent  Quelqu'un t'appellera bientôt

L'oreille droite te démange Tu auras de bonnes nouvelles

La main gauche te démange Tu perdras de l'argent

La main droite te démange  Tu trouveras de l'argent

Les pieds te démangent  Tu feras un voyage

Tu éternues  Tu as besoin d'un mouchoir

Lire dans les feuilles de thé

Pas besoin d'être gitan pour lire dans les feuilles de thé. Voici quelques conseils.

Il te faut

une théière

15 ml de feuilles de thé
ou un sachet de thé

une tasse blanche

1. Mets les feuilles de thé dans la théière ou déchire le sachet de thé et vide-le dans la théière. Demande à un adulte de verser suffisamment d'eau bouillante dans la théière pour obtenir une tasse de thé. Laisse le thé infuser pendant quelques minutes, puis verse-le dans la tasse.

2. Jette avec précaution le liquide jusqu'à ce qu'il ne reste que les feuilles de thé dans la tasse.

3. Secoue les feuilles jusqu'à ce qu'elles se collent contre les parois de la tasse.

4. Regarde les formes dans les feuilles. Qu'est-ce qu'elles te suggèrent? Laisse aller ton imagination ou vérifie avec « Prévoir l'avenir ».

Si les feuilles sont près du bord de la tasse, quelque chose de particulier arrivera bientôt.

Si les feuilles sont au fond de la tasse, tu devras attendre avant de connaître ton avenir.

L'anse de la tasse symbolise ta maison. Si tu vois des « oiseaux » (des feuilles de thé) qui « volent » vers l'anse, attends-toi à recevoir de bonnes nouvelles.

Un avenir sans nuages

Couche-toi dans l'herbe et regarde les nuages. Peux-tu voir des visages ou des animaux qui se déplacent dans le ciel? Regarde de nouveau et vérifie avec « Prévoir l'avenir ». Il y a peut-être un message pour toi dans le ciel aujourd'hui.

Prévoir l'avenir

Si tu vois		Ça signifie
un poisson		Tu baigneras dans l'argent.
un violon		Tu seras invité à une danse.
un hippopotame		Il est temps de te serrer la ceinture.
un serpent		Quelqu'un te causera des ennuis.
les sommets d'une montagne		Tu grimpes vers le succès.
une ancre		Tu partiras en voyage.
une main		Tu te feras un nouvel ami.
un perroquet		Des ennuis se préparent.
des mouches		Tu seras irrité, ennuyé ou inquiet.
une horloge		Agis maintenant sinon tu risques de manquer de temps.
une plume		Prends-toi davantage au sérieux.

La main de la destinée

Ta destinée est inscrite dans tes mains – du moins c'est ce qu'affirment les diseurs de bonne aventure. Bien des gens croient que les lignes de la main reflètent ce qui t'arrivera pendant ta vie.

Il te faut

de la peinture lavable

un pinceau

une feuille de papier

une loupe
(si tu en as une)

1. Badigeonne une mince couche de peinture sur la paume d'une de tes mains et appuie-la sur le papier pour en obtenir une empreinte.

2. Utilise le diagramme sur cette page pour trouver la ligne de cœur, la ligne de tête, la ligne de vie et la ligne de la destinée.

Ta **ligne de vie** raconte combien de temps tu vivras et quel sera ton état de santé. Une longue ligne de vie non brisée signifie une vie longue et en santé. Une ligne de vie brisée signifie que tu auras des problèmes de santé pendant ta vie.

Ta **ligne de la destinée** parle de tes succès et de tes échecs dans la vie. Une ligne bien marquée non brisée signifie que tu obtiendras ce que tu désires et que tu auras beaucoup de succès. Une ligne brisée ou avec des ramifications signifie des reculs, mais si la ligne se poursuit, tu obtiendras ce que tu désires à condition de faire beaucoup d'efforts.

Ta **ligne de tête** raconte comment fonctionne ton cerveau. Une ligne droite qui traverse la paume de la main signifie que tu réfléchis sérieusement avant d'agir. Une légère courbe signifie que tu es créateur et artiste. Si ta ligne de tête bifurque vers le bas, tu penses par toi-même et tu es très imaginatif.

CŒUR

TÊTE

VIE

DESTINÉE

Ta **ligne de cœur** parle d'amour et d'amitié. Si d'autres lignes la traversent, ta vie amoureuse sera tumultueuse. Si ta ligne de cœur n'est pas brisée, ton amitié et ton amour te seront toujours rendus.

Gros plan de la paume de la main

Prends une loupe pour regarder les autres formes
dans l'empreinte de la paume de ta main.

Une **étoile** signifie une aubaine. Tu hériteras d'une somme d'argent.

Des **lignes droites** au milieu de la jointure du petit doigt signifient
que tu n'auras jamais à te soucier d'argent.
(Cette personne n'a pas autant de chance.)

Un **carré** sur ta ligne de vie signifie que tu seras protégé et en sécurité.

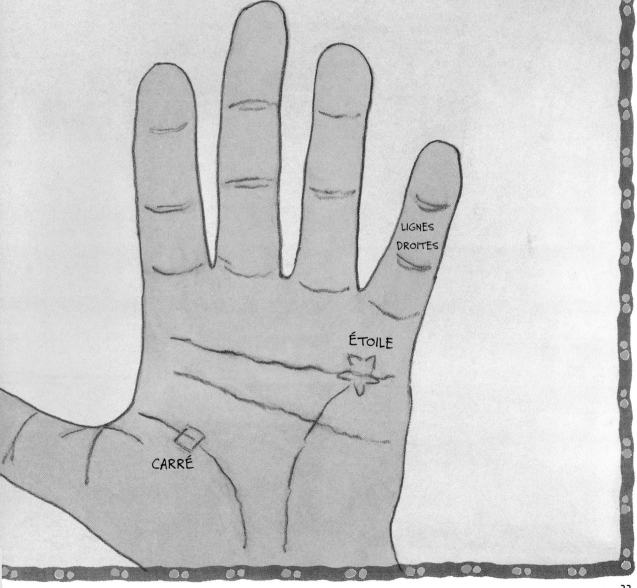

Le mouvement du pendule

Les diseurs de bonne aventure croient que le mouvement d'un objet qui se balance peut aider à prédire l'avenir.

Il te faut

un bouton

un bout de ficelle d'environ 30 cm de long

1. Noue le bouton à une extrémité de la ficelle.

2. Assieds-toi à une table. Pose ton coude sur la table, tiens l'extrémité libre de la ficelle entre ton pouce et ton index. Le bouton sera suspendu et formera un pendule.

3. Maintiens le pendule immobile et pose une question dont la réponse est *oui* ou *non*. Attends. Normalement, ton pendule commencera à bouger.

• S'il forme un cercle, la réponse à ta question est *oui*.

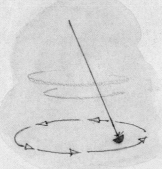

• S'il forme un mouvement de va-et-vient, la réponse est non.

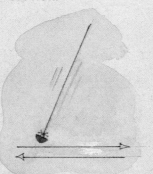

Si ton pendule semble te donner des réponses insensées, pose-lui une question dont tu connais déjà la réponse. Demande : « Est-ce que je suis un garçon? » et regarde comment se balance ton pendule. Sers-t'en comme guide pour connaître tes réponses futures.

Sonner dans l'avenir

Noue un long fil à une bague. Abaisse la bague au bout du fil dans un verre vide et maintiens-la immobile.

Pose une question dont la réponse est *oui* ou *non*. Lorsque le fil commence à bouger, compte le nombre de fois que la bague cogne contre le verre.

• Un coup et la réponse à ta question est *oui*.

• Deux coups ou plus et la réponse est *non*.

Les présages des rêves

Beaucoup de gens croient que les rêves renferment des symboles
qui prédisent l'avenir. Chaque jour, note tes rêves dans un journal de rêves.
Environ un mois plus tard, vérifie si certains de tes rêves se sont réalisés.

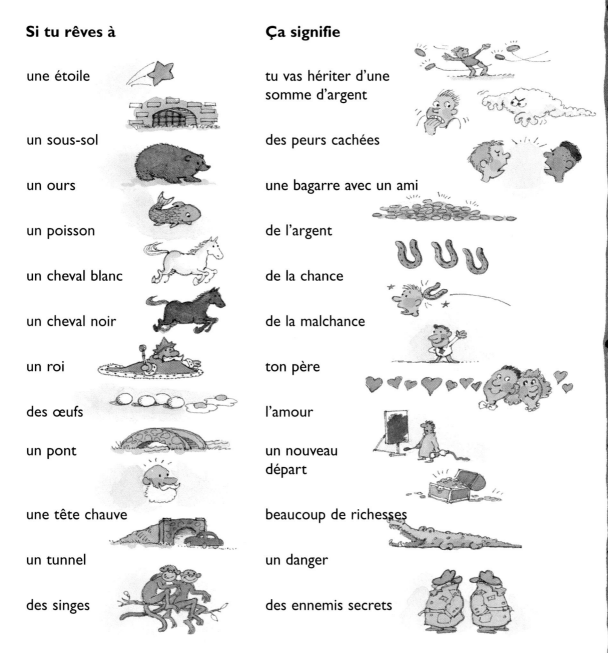

Si tu rêves à

une étoile

un sous-sol

un ours

un poisson

un cheval blanc

un cheval noir

un roi

des œufs

un pont

une tête chauve

un tunnel

des singes

Ça signifie

tu vas hériter d'une
somme d'argent

des peurs cachées

une bagarre avec un ami

de l'argent

de la chance

de la malchance

ton père

l'amour

un nouveau
départ

beaucoup de richesses

un danger

des ennemis secrets

Fais des biscuits de bonne aventure

Tu n'as pas besoin d'une boule de cristal pour prédire que les gens adoreront ces biscuits légers et sucrés. Avant de les faire, écris des messages sur de petites bandes de papier. Cette recette donnera environ 24 biscuits, donc tu auras besoin du même nombre de messages. Maintenant, te voilà prêt à cuisiner.

Il te faut

250 ml de farine à pâtisserie

125 ml de sucre

45 ml de fécule de maïs

une pincée de sel

3 blancs d'œufs

125 ml d'huile végétale

45 ml d'eau

2,5 ml d'extrait de citron

2. Dans un bol, tamise la farine, le sucre, la fécule de maïs et le sel.

4. Ajoute le mélange aux œufs aux ingrédients secs et mélange jusqu'à ce que tu obtiennes une pâte lisse.

3. Dans un autre bol, mélange les blancs d'œufs et l'huile.

5. Ajoute l'eau et l'extrait de citron. Mélange de nouveau.

1. Préchauffe le four à 150 °C et huile légèrement une plaque à biscuits.

6. Dépose six cuillerées de pâte sur la plaque à biscuits. La pâte devrait s'étaler et former un cercle d'environ 7 cm de diamètre.

7. Fais cuire les biscuits pendant environ 10 minutes. Durant ce temps, prépare une sorte de colle en battant un blanc d'œuf jusqu'à ce qu'il mousse.

8. Lorsque les biscuits sont d'un léger brun doré, demande à un adulte de les sortir du four. Tu dois agir rapidement, car les biscuits se fendent lorsqu'ils refroidissent. Retourne les biscuits sur la plaque à biscuits chaude. Mets un message au milieu d'un biscuit. Étale un peu de blanc d'œuf battu le long du bord, plie le biscuit en deux et tiens-le jusqu'à ce que les deux côtés collent ensemble. Recommence jusqu'à ce que tous tes biscuits renferment un message.

La forme des choses à venir

Il y a bien longtemps, les gens qui voulaient prédire l'avenir versaient parfois de l'huile dans de l'eau et tentaient de déchiffrer les présages révélés dans les formes qui se formaient à la surface de l'eau. Pour essayer de faire la même chose, verse lentement une cuillerée d'huile à cuisson dans un bol d'eau. L'huile remontera à la surface et flottera sur l'eau. Regarde attentivement.

Si l'huile	Ça signifie
forme une étoile	Tu seras très chanceux.
se sépare en deux	Tu te bagarreras avec un ami.
se brise en petits cercles	Tu auras de l'argent.
s'étale en filaments à la surface de l'eau	Des problèmes s'annoncent.
forme un cercle	Tu réussiras.
forme un croissant	La chance te sourira bientôt.

Les porte-bonheur

C'est une coutume anglaise de cacher une pièce de monnaie ou une bague dans le pouding de Noël. Trouver une pièce de monnaie est un signe de chance. Trouver une bague signifie que tu seras le premier à te marier. Tu peux faire un gâteau et y cacher des breloques pour tes amis et ta famille.

1. Enveloppe quelques breloques dans du papier ciré. Regarde des suggestions dans la liste ci-dessous.

2. Prépare ton gâteau favori.

3. Mélange les messages dans la pâte et fais cuire le gâteau.

Si tu trouves		**Ça signifie**
une bague		Tu te marieras tôt.
un dé		Tu te marieras tard.
une cloche		Ta vie sera remplie de douce musique.
une lettre		Tu écriras des douzaines de livres.
un bréchet		Tu auras du succès.
une arachide		Tu auras de la chance.
une pièce de monnaie		Tu seras en santé.
un bouton		Tu devras changer de conduite.
une clé		Les portes te seront toujours ouvertes.

Des noix de bonne aventure

Si tes amis et toi êtes des mordus de bonne aventure, vous pouvez fabriquer ensemble des noix de bonne aventure. Écrivez des messages sur des petites bandes de papier. Il faudra un message pour chaque noix. Lorsque vous aurez terminé, cassez les noix en deux.

Il te faut

un casse-noix

des noix de Grenoble dans leur écale

un pic à noix ou une petite fourchette

de la colle

du ruban de couleur

1. Ouvre avec soin les noix de Grenoble. Les deux moitiés ne doivent pas être brisées. (Cela peut demander un peu d'entraînement.)

2. Utilise le pic à noix ou la fourchette pour retirer l'intérieur des écales.

3. Glisse un message dans une des moitiés, puis recolle les deux moitiés.

4. Noue un ruban autour de ta noix et offre-la à un ami.